Zhongguo, Wenhua
Zhishi, Duben

中国文化知识读本

主编 金开诚

编著 王忠强

古代驿站与邮传

吉林出版集团有限责任公司

吉林文史出版社

图书在版编目（CIP）数据

古代驿站与邮传 / 王忠强编著. —— 长春：吉林出
版集团有限责任公司：吉林文史出版社，2009.12 （2023.4重印）
（中国文化知识读本）
ISBN 978-7-5463-1955-1

Ⅰ．①古… Ⅱ．①王… Ⅲ．①驿站-简介-中国-古
代②邮政-简介-中国-古代 Ⅳ．①F512.9②F632.9

中国版本图书馆CIP数据核字(2009)第237166号

古代驿站与邮传

GUDAI YIZHAN YU YOUCHUAN

主编/ 金开诚 编著/王忠强

项目负责/崔博华 责任编辑/曹恒 崔博华

责任校对/王明智 装帧设计/曹恒

出版发行/吉林出版集团有限责任公司 吉林文史出版社

地址/长春市福祉大路5788号 邮编/130000

印刷/天津市天玺印务有限公司

版次/2009年12月第1版 印次/2023年4月第3次印刷

开本/660mm×915mm 1/16

印张/8 字数/30千

书号/ISBN 978-7-5463-1955-1

定价/34.80元

前 言

　　文化是一种社会现象，是人类物质文明和精神文明有机融合的产物；同时又是一种历史现象，是社会的历史沉积。当今世界，随着经济全球化进程的加快，人们也越来越重视本民族的文化。我们只有加强对本民族文化的继承和创新，才能更好地弘扬民族精神，增强民族凝聚力。历史经验告诉我们，任何一个民族要想屹立于世界民族之林，必须具有自尊、自信、自强的民族意识。文化是维系一个民族生存和发展的强大动力。一个民族的存在依赖文化，文化的解体就是一个民族的消亡。

　　随着我国综合国力的日益强大，广大民众对重塑民族自尊心和自豪感的愿望日益迫切。作为民族大家庭中的一员，将源远流长、博大精深的中国文化继承并传播给广大群众，特别是青年一代，是我们出版人义不容辞的责任。

　　本套丛书是由吉林文史出版社和吉林出版集团有限责任公司组织国内知名专家学者编写的一套旨在传播中华五千年优秀传统文化，提高全民文化修养的大型知识读本。该书在深入挖掘和整理中华优秀传统文化成果的同时，结合社会发展，注入了时代精神。书中优美生动的文字、简明通俗的语言、图文并茂的形式，把中国文化中的物态文化、制度文化、行为文化、精神文化等知识要点全面展示给读者。点点滴滴的文化知识仿佛颗颗繁星，组成了灿烂辉煌的中国文化的天穹。

　　希望本书能为弘扬中华五千年优秀传统文化、增强各民族团结、构建社会主义和谐社会尽一份绵薄之力，也坚信我们的中华民族一定能够早日实现伟大复兴！

目录

一、古代邮传历史

《古今注》

（一）上古时期——邮传之始

　　我国古代通信，由来已久。据古书《古今注》记载，尧曾经"设诽谤之木"。这种木制品，形似后世的华表，是用一根横木交叉在柱头上，在各路的交通口都有设置，既可作为路标，又可以在上面书写对政府的意见。这大约是我国有文字记载最早的向上表达意见的一种方式，也可以认为是上古时代原始形式的上书通信。尧为了鼓励人民提意见，曾设置了木鼓。谁有建议或不满，可以击鼓示意。这种方式与至今尚在非洲大陆流行的"鼓邮"颇为相似，鼓手能在两面或多面鼓上敲击出不同的声音和节奏，表达不同的意义，起到邮传通信的作用。

原始社会的居民还有着各种各样有趣的通信活动。云南的佤族，直到解放前还进行着原始的木刻通讯联络。如甲乙两寨发生了纠纷，甲寨便命人给乙寨送去一个木条，在木条上方刻两个缺口，代表甲乙二寨，下方刻三个缺口，表明乙寨在三日内前去甲寨和解，前面再刻一斜角，表示事关紧要，不可延误。

到了夏王朝时，交通工具已较前代发达。古书上说"夏后氏二十人而辇"，是指用二十个奴隶拉着大车子。传说，夏禹治水

夏朝车马坑遗址

殷墟出土的古代车马

时"陆行乘车，水行乘舟，泥行乘橇，山行乘轿"。有了这么多种交通工具，通信比以前方便多了。这时，人们的通信活动也比以前复杂化了。每年三月，由被称为"遒人"的宣令官手执木铎，在各交通要道宣布政府

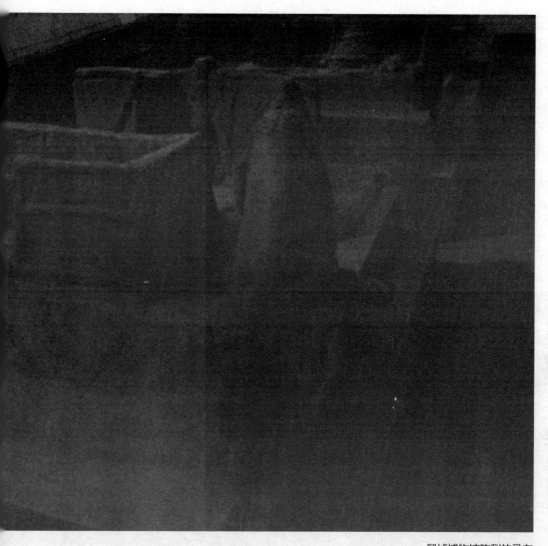

殷墟博物馆陈列的马车

的号令，这是我国早期下达国家公文的方式。

（二）商周——日趋完备

从夏朝到商朝，信息传递发展得很快。商朝的道路交通网络比夏朝大大扩展，对道路管理也有严格的制度。商朝已有专门传递

安阳殷墟博物馆陈列的马车

信息的信使。商王出行时，往往身边都要跟随几个人，供他随时向臣下发布命令。为了旅途方便和防止不测，商朝政府还在通衢大道沿线设立了许多据点和止宿之处，这就形成了商朝最初的驿站制度。起先这些据点称为"堞"，大约是用木栅墙筑成的防守工事。后来，这些堞发展成为"次"。"次"是止舍安顿的意思，即逐渐成为可以暂住的旅舍之类。再后，又在此基础上正式建立"羁"，即"过行寄止者"，是商王朝专为商王、贵族建筑的道边旅舍，不仅供止宿，而且供应饮食。

殷墟博物馆陈列的古车

　　商朝时还没有像后世那样分段递送信息的常设的驿传之制，消息命令一般都由一个专人传送到底。所以信使行途都是很辛苦的，有时还会遇上盗寇蛇虫的伤害。有一个年迈的信使，在路上走了26天，行了600里的路，没有到达目的地就死了。有的驿使行程更长，有一片商王祖庚时的甲骨卜记载，有一位驿使从一天的黄昏时分起程，48天才终于到达目的地，估计共走了1200里左右。

　　西周是我国奴隶社会的鼎盛时期，也是我国各种制度开始完善的时期，邮驿制度在此时形成一个比较规整的系统。西周时，政府特别重视修整道路，还设有专管道路的官员，称为"野庐氏"，负责筹办京城500里内所有馆舍的车马粮草、交通物资；保证道路畅通、宾客安全；负责安排白天轮流值班和夜间巡逻之人；还要及时组织检修车辆、平整道路等。

西周时已经有了比较完整的邮驿制度。各种不同的文书传递方式有不同的名称，以车传递称为"传"，这是一种轻车快传；一种称为"邮"的，在周代主要指边境上传书的机构；还有一种叫做"徒"的，则为急行步传，让善于快跑的人传递公函或信息，有点类似古希腊

古代邮驿图

古代驿站

马拉松的斐力庇第斯。

在西周的邮传驿道上，沿途设置了休息站，叫做"委""馆"或"市"。当时国家大道沿途，10里设庐，庐有饮食；30里有宿处，称之为委；50里设市，市有候馆，接待来往信使宾客。有一些讲究的馆、市，是为来往的各地高级信使准备的。这些馆、市，设备考究，有楼厅和浴室，可以在这里充分休息，解除旅途的劳累。

西周政府里有一整套自上而下的邮驿通

清代烽火台

信官职系统。在天官冢宰的统一领导下，有秋官司寇负责日常的通信、夏官司马负责紧急文书、地官司徒负责沿途馆驿供应和交通凭证以及道路管理。负责日常通信事务的司寇下还有一系列专门人员，有大行人、小行人、行夫等。其中行夫是管理来往信件、信使的具体执行官。

军事上的烽火通信，在西周时已经成为正式的制度。最初，人们在道口田陌之间，树一大木，上缀毛裘等物，可使信使和行路人在很远地方就知道站馆所在，古文里称之为"邮"。这一设施后来逐渐成为防护堡垒，再发展成为烽火台，台柱上有烽有鼓。一堆堆柴火和狼粪，用火点着发出狼烟，无风笔直上升，很远就能望见。到晚上，在台上架起桔槔，上置大铁笼子，内装柴草。遇有紧急情况，烧着后形成高耸入云的大火把。从京师到边境，每条大道都建起一座一座烽火台，专门派人守望。边境告急，消息会很快传到京师；京师遇难，消息又会从都城传到边关。这是我国古代一种十分有效的烽火通信系统，从西周到汉朝，一直沿袭使用。

周幽王"烽火戏诸侯"的故事，是历史上著名的实例。周幽王是西周最后一个国王，昏暴异常，办事荒唐。他纳了一个名叫褒姒

"烽火戏诸侯"是中国历史上著名的故事

骊山烽火台

的美女为妃。褒姒终日不笑，幽王想出了烽火戏诸侯的办法取悦于她。他命令兵士们在镐京东郊的骊山点燃烽火，擂起大鼓，谎称京城告急。周围各路诸侯都急急忙忙前来援救，有的诸侯将官连衣冠都没来得及穿戴整齐，便火速赶到。而褒姒和幽王在瞭望台上哈哈大笑。诸侯们知道上了当，以后幽王再点燃烽火，谁也不来了。而西周就这样亡于西戎。这个故事从侧面说明西周末年烽火通信已经成为国家固定的通信制度。

（三）战国——私人通信

作为封建社会的开始，战国时代社会经

济迅速发展，通信事业随之而有了巨大进步。以东周王都洛阳为中心，东至齐鲁，西到关中，北抵燕赵，南达吴楚，四通八达，都有驿道相通。因为当时诸侯国频繁角逐，各自有一批说客谋士，他们经常在各国间游说谋划，也促使邮驿空前繁忙起来。

随着卿大夫势力的扩大，战国时代还出现了若干由大贵族个人兴建的驿馆传舍。这些驿馆既可以作为他们私人的驿传设施，也可用来聚养大批为他们出谋划策的宾客。除贵官们凭威势兴办的驿舍外，春秋战国时还出现了一般商贾开的旅舍。战国时期的史料记载了许多名人居住在邮驿、馆舍、逆旅的事。如著名的纵横家张仪、赵国名相蔺相如，都在传舍、逆旅中住过。

《壁画车马图》

（四）秦汉——统一邮驿

秦王朝是我国统一的封建中央集权时代的开始，不仅统一了文字、度量衡、车轨、道路等制度，还开创了统一的邮驿制度。

秦王朝虽然仅仅存在了十五年，却以惊人的努力完成了全国范围的交通和通信网络建设，通信干线贯通东西南北。北边由关中直达九原塞外，至今内蒙古河套附

东汉时期车马出行壁画

近；东边由函谷关向东，经河南直到今天山东的临淄；南边由武关经南阳直抵江陵。

　　驰道是秦朝道路网的主干，以首都咸阳为中心，"东穷燕齐，南极吴楚，江湖之上，滨海之观毕至"。秦朝驰道十分壮观："道广五十步，三丈而树，厚筑其外，隐以金锥，树以青松。"一路绿影婆娑，十分美观。另有一条由名将蒙恬指挥修筑的"直道"，从咸阳北的云阳开始，途经黄河，直抵今包头市的秦九原郡，全长1800余里。此外，秦王朝还在南方修建了到两广和西南的"新道"。这样，在全国形成了一个纵横交错的交通网。这些

秦朝铜车马

大道，路平道宽，沿途都有固定的信使进食和住宿处所。

秦朝的邮驿统一了称呼。春秋战国时期，各国对邮驿通信的称呼都不一样，秦朝把"遽""驲""置"等不同名称统一称为"邮"。从此，"邮"便成为通信系统的专有名词。在秦朝，"邮"负责长途公文书信的传递任务，近距离的另用"步传"，即派人步行送递。在邮传方式上，秦时大都采用接力传送文书的办法，沿政府规定的固定路线，由负责邮递的人员一站一站接力传递下去。到秦朝时，邮传事务的传递者，身份更为低下，已经不

秦代车马

再由士以上的官吏担任，而转用民间役夫。

为保证公文和书信及时、迅速、准确地到达，秦王朝规定了一系列严厉的法律。秦朝的《行书律》规定，文书分为两大类，一类为急行文书；另一类为普通文书。律文中说："行命书及书署急者，辄行之；不急者，日

秦代车马

毕，不敢留。留者以律论之。"意为：
诏书和注明为急文书者，要立刻送出；
不急的文书，也要当日事当日毕，不
允许耽搁。耽误的以法律处置。

　　秦朝时特别重要的文书，规定由
特殊的人员传送，且所经之处，任何
人不得阻拦。这些特殊人员要求十分
可靠，还需体格强壮、行止轻捷，平

魏晋南北朝时期牛车

日有特殊训练。

为了保证途中不泄密，秦王朝作出若干法律规定。比如：不同的文件用不同的文字书写，简册用大篆小篆、印玺用缪篆、符传用刻符、公府文书用隶书、幡书用鸟书等等。这些规定，有效地防止了文书的伪造。另外，简书一般都在绳结处使用封泥，盖上玺印，以防途中被私拆。上述这些规定，都说明邮驿通信制度的规范化。

秦朝统一有效的通信系统，起到了巩固中央集权制度的作用。中央政府可以源源不断地接到各地的情况通报，及时了解边防和民间的动态，采取果断的军事措施。

（五）魏晋南北朝——私营逆旅

魏晋南北朝时期，私营客舍逐渐发展起来，当时人们把这种私营客栈称为"逆旅"，这是自春秋战国以来就有的名称。重法的商鞅曾经为加强中央君主专制集权而提出"废逆旅令"，他认为逆旅是"奸邪"和不法之徒滋长的场所，故应当取缔。随着两汉时期工商经济的发展，在"富商大贾周流天下""牛马车舆，填塞道路"的繁荣情况下，民间旅店行业自然也发展起来。《后汉书》曾在许多列传里叙述了当时"行宿逆旅""亭舍"的情况。曹操在东汉建安十二年（207年）所写的《步出夏门行》一诗，

魏晋时期骑马俑

诗人潘岳塑像

也有"逆旅整设，以通贾商"的句子，说明东汉末年时逆旅是很盛行的。到西晋时，逆旅生意更加兴隆。由于公营的客舍接待很差，许多官员也奔赴私营客舍。更重要的原因是，魏晋南北朝时期，国家的邮亭馆舍，都被豪门贵族破坏了，一般商旅不得不露宿野间。在这种情况下，私营客舍应运而生，就是很自然的事了。无论南方北方，一些官僚都有自营客店存在。如北魏大臣崔光的弟弟崔敬友，就曾"置逆旅于肃然山南大路之北，设食以供行者"。南朝梁武帝的弟弟萧宏，仅在建康城里就开设了宿客和贮货兼营的"邸店"数十处。当时南北方的官吏，都建议政府给这些逆旅课以重税。这说明当时私营逆旅，已经成为一股不可忽视的经济力量。

这时，也有一些人重弹当年商鞅的老调，提出要封闭这些"奸淫亡命，多所依凑，败乱法度"的民间旅店。诗人潘岳站出来带头反对这种议论。他写了一篇《上客舍议》，认为私营逆旅是便利过往客商的有利设施，早成为"历代之旧俗，获行留之欢心"，民心难逆。潘岳列举了许由、宁戚、曹操都住过逆旅的实例，指出这是交通、商旅客观之必要。他认为，千里行路，沿途有这些私营

古代驿站

逆旅，"客舍洒扫以待，征旅择家而息"，正是众庶之望，焉有"客舍废农"之理？这是我国古代很有名的一篇文章，也是交通邮驿史上的珍贵资料，反映了诗人潘岳正确的商品经济思想。

（六）隋唐——盛况空前

隋唐时期是我国封建社会的盛世，这一时期的邮驿也是空前繁盛。

隋唐时期邮驿事业发达的标志之一就是驿的数量增多。隋唐继续发展南北朝时的驿传合一的制度，"驿"代替了以往所有的

"邮""亭""传"，任务包罗万象，既负责国家公文书信的传递，又要传达紧急军事情报，还兼管接送官员、怀柔少数民族、平息内乱、追捕罪犯、灾区慰抚和押送犯人等各种事务，有时还要管理贡品和其他小件物品的运输。隋唐时期的驿遍布全国，像一面大网一样密布在全国的交通大路上。据《大唐六典》记载，最盛时全国有水驿 260 个，陆驿 1297 个。隋唐时代有一支很庞大的邮政队伍，专门从事驿务的员工有两万多人，其中驿夫 17000 人，这和 1949 年前全国邮政人员总数几乎相当，可见唐朝邮驿事业的发达。

唐代的交通线路畅通全国各地。著名散文家柳宗元在《馆驿使壁记》中记载，唐时

柳宗元塑像

古城凉州

以首都长安为中心，有七条重要的呈放射状的驿道，通向全国各地。第一条是从长安到西域的西北驿路，自长安经泾州（治所在今甘肃泾川北）、会州（治所在今甘肃靖远北）、兰州、鄯州（治所在今青海乐都）、凉州（治所在今甘肃武威）、瓜州（治所在今甘肃安西东南）、沙州（治所在今甘肃敦煌）直达安西（今库车）都护府。第二条是从长安到西南的驿路，自长安经兴元、利州（治所在今四川广元）、剑州（治所在今四川剑阁）、成都、彭州（治所在今四川彭县）、邛州（治所在今四川邛崃）直达今川藏地区。第三条是从长安至岭南的驿路，由长安

经襄州（治所在今湖北襄樊）、鄂州（治所在今武汉市武昌）、洪州、吉州、虔州（治所在今江西赣州）直达广州。第四条是从长安至江浙福建的驿路，由长安经洛阳、汴州、泗州、扬州、苏州、杭州、越州（治所在今浙江绍兴）、衢州（治所在今浙江衢县）直达福建泉州。第五条是从长安到北方草原地区的驿路，自长安到同州（治所在今陕西大荔），再经河中府（治所在今山西永济）、晋州（治所在今山西临汾）、代州（治所在今山西代县）、朔州（治所在今山西朔县），直达北方单于都护府。其他两条各自长安至山东、东北地区和荆州、夔州（治所在今四川奉节县）、忠州等四川云贵地区。在宽敞的驿路上，则是："十里一走马，五里一扬鞭""一驿过一驿，驿骑如星流"，邮递效率非常之高。据推算，中央的政令一经发出，两个月内便可推行全国。因此，隋唐邮驿的发达，推动了经济的发展，保证了中央各种制度在全国的推行。

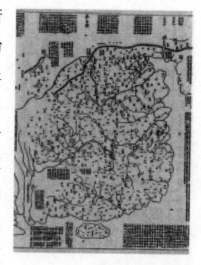

贾耽《海内华夷图》

除了国内的七条主要邮路，唐朝对外还有若干国际性驿道。中唐有一位地理学家贾耽，写过一篇《记四夷入贡道里》，说到唐朝的国际交往线也有七条：一为从营州入安

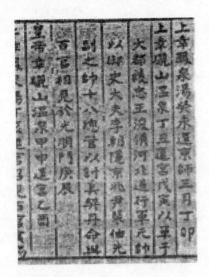

《开元杂报》

都进奏院负责将朝廷向地方政府发放的"公文"进行传递

东之道；二为登州海行入高丽渤海之道；三为从夏州、云中至蒙古草原之道；四为入回鹘之道；五为安西西域之道；六为安南天竺之道；七为广州通海夷之道。通过这些水陆通道，可抵达朝鲜、日本、中亚、印度和东南亚各国。

情报机构进奏院是在唐朝中期正式建立的。这是一种地方驻守在中央了解情况的联络机构，颇为类似现在位于首都北京的各省、市、自治区的驻京办事处。进奏院定期把中央或都城发生的一些政界、军界大事，如官员的任免、军事快报、皇帝行踪等，向本地区的首脑人员汇报，这些首脑人物在当时具体来说主要是节度使。进奏院的官员级别较高，最高时，他们的职位相当于中央的御史大夫，即副宰相的级别。他们自有一套通信系统，但主要还是利用官驿的设备。进奏院的出现，促进了新闻报纸《开元杂报》的问世。《开元杂报》是一份雕版印刷的文书，由进奏院的人员编辑，内容包括从各进奏院收集来的军事、政治情报。从进奏院的机构和《开元杂报》的问世，可以看到当时消息的畅通，也说明了隋唐时期邮驿事业的发达。

随着唐朝国力的不断增强，边疆少数民族地区的邮驿也有很大发展，最明显的是今新疆地区驿路的建设。那时，今吐鲁番一带

《开元杂报》

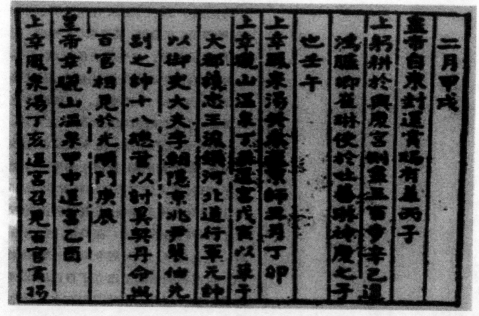

古道西风行走京西古驿路

《沙州图经》一共记载了20个驿站

为唐朝的西州。它北达庭州（治所在今乌鲁木齐），南到沙州，东抵伊州（治所在今哈密），西至安西，都有宽敞的驿路相通。西州内部建有驿路11条，据今存《西州志》残卷载，有花谷道、大海道、银山道等。敦煌遗书《沙州图经》一共记载了20个驿站，有州城驿、横涧驿、阶亭驿、双泉驿、第五驿、悬泉驿、无穷驿、空谷驿等。这些驿有的近城，有的近涧泉，有的则在惊险的山路上，而且集中在今敦煌县一个县境内。一县就有这么多驿，可见当时敦煌地区驿路之发达。

位于西北的回纥，是今天维吾尔族的祖

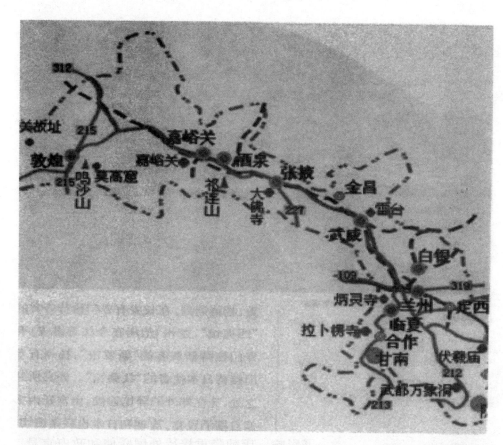

先。在唐朝前期，就由吐迷度可汗建立了
邮递。唐太宗又在其南特置 68 所邮驿，以
便双方使节来往。并在驿路沿途颁发了邮
驿行路的符信，在符信上画有金鱼，写上
金字。唐时居今云南一带的南诏，也在唐
朝帮助下建立了自己的邮驿通信系统。那
时南诏到四川有多条驿路相通，还有许多
支道南通印度、缅甸和安南的国际通道。
唐朝通四川青海和宁夏地区等少数民族地

唐朝，通四川青海和宁夏地区等地也各有多条相通的驿道

区，也各有多条相通的驿道。在东北辽宁地区，唐朝和当地的靺鞨、渤海诸族有水陆两路相通。

唐朝先进的邮驿制度，对周围邻国也产生了影响。唐朝隆重接待外国驿使和政府官员，各地接待外宾的仪式隆重，招待周到。在长安有专门接待外宾的"四夷馆"，楚州（治所在今江苏淮安）有专门接待新罗客的"新罗馆"，扬州有专门接待日本使者的"扶桑馆"。外宾所到之处，先在郊外的驿馆迎候，由宫廷内史亲自摆酒设宴。唐朝和日本也联系密切，日本曾十五次派遣使者来中国，中国使者曾十次前往日本。唐朝的邮驿组织被引进到日本，建立了富有日本特点的邮驿制度。到宋朝初年，日

本已建有 414 驿，有效地推动了日本经济文化的发展。

（七）宋元——驿道建设

公元 960 年，赵匡胤和他的兄弟赵光义统一了中原和南方地区，建立起中央集权的国家。在此基础上，我国邮驿事业有了进一步发展。

宋朝政府在全国扩建驿道。当时从陕西、甘肃到四川的青泥驿（今甘肃徽县南）路途不通，北宋政府安排利州（治所在今四川广元）转运使主客郎中李虞卿主持，重开了一条白水驿路。仅用半年时间，就修起了从河池驿（今徽县）到长举驿（今陕西略阳白水江）的驿道，然后进入四川。驿途中共有阁道 2309 间，邮亭设施 389 间。宋政府在今甘肃境内修筑了许多驿路桥梁，著名的兰州浮桥和安乡浮桥都是北宋时建起的。这两座浮桥，大大方便了甘肃到新疆、甘肃至青海之间的驿运。

　　宋朝政府根据各地自然条件的不同，还发展了水驿和驼驿等多种模式的邮驿设施。在甘肃敦煌一带大力发展沙漠驿路的驼驿和驴驿，至今敦煌壁画中还留有一幅《宋代驼运》图。宋太宗时，在湖北江陵至广西桂林间设若干水递铺，利用两湖和广西沿江的数千户渔民樵夫做"水递铺夫"。

　　宋和北方的辽来往频繁。宋使入辽，从现

著名的"兰州浮桥"

在的河北雄县白沟（宋为雄州白沟驿）至新城县，再往涿州、良乡到达燕京（今北京），又经辽国的中京大定府（今辽宁宁城），最后抵达上京（今内蒙古巴林左旗）。沿途驿馆林立，驿务十分繁忙。苏东坡的弟弟苏辙，曾作为宋使出使辽国，经白沟在燕京暂宿，写下了有名的《渡桑干》一诗："相携走马渡桑干，旌旗一返无由还。胡人送客不忍去，久安和好依中原。年年相送桑干上，欲话白沟一惆怅。"这首诗把宋辽间驿途来往之频繁和宋辽人民之间的真挚感情生动地描绘了出来。

麻城约民信局旧址

（八）明清——邮驿合并

在明朝的邮驿事务中，有一件新兴事物，就是"民信局"的兴起。所谓"民信"，自然是指民间自发经营的通信组织。

关于民信局从哪里兴起，有两种看法。一种认为这种联合经营机构是从四川兴起的。明朝永乐年间，四川居住着一批湖北麻城、孝感地区的移民。他们长年在外，思念故乡，于是自发组织了同乡协会。每年约集同乡举行一次集会，在会上推选出代表，返回家乡探望一次。届时，移民们多托代表给家乡带去问好的信件，并托他捎带家乡特产回来。久而久之，建立了固定组织，俗称为"麻城约"。麻城约多以运带货物为主，同时捎带书信。这就是我国民办的第一个通信组织。另一种说法认为我国民信局最早是从浙江绍兴、宁波等沿海地区兴起的。明代官场多用绍兴人当幕僚，俗称"绍兴师爷"。他们分散在各省督抚巡按衙门中，联系广泛，并成为帮派，相互之间常有书信往来，函件相对较多。久而久之，便形成了初期的民信机构。宁波是绍兴出海的口岸、通信的枢纽，所以也就成为最初民营通信机构的据点。而且宁波经商的人很多，他们也需要一个信息交流和货物集散的机构，民信组织就应运而生。以后这种组织在

清代民信局中式封三件

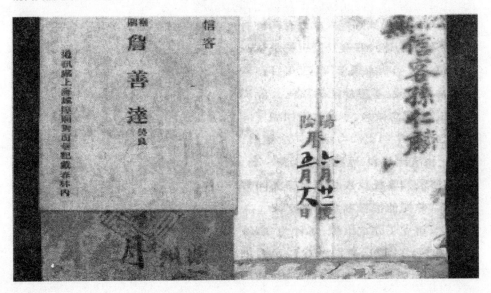

扬州民信局文物

各地扩展开来,不限于湖北麻城在四川的移民,也不限于浙江绍兴、宁波。

清朝时,上海、宁波等地开始把这种组织称为"民信局"。递转民间的信件,成为其业务的一项重要内容。清朝中叶以后,民信局大大发展,不仅遍及国内各大商埠,还把业务扩大到东南亚、澳大利亚、檀香山等华侨聚居地带,达到鼎盛时期。

1644 年,李自成起义军推翻了明朝的统治。同年,清兵入关,建立清王朝。清代邮驿制度经历了重要改革,其最大的特点是"邮"和"驿"的合并。

在清朝以前,虽说在某些文书上常常"邮

清代文物

驿"合称，但实际上邮和驿是两种职能不同的组织机构。"邮"也称为"递"，或称为"传"，是一种通信组织，负责传递公文；而"驿"实际上是只负责提供各种交通和通信工具，而兼有招待所的性质。清朝，这两种组织融为一体，驿站从间接地为通信使者服务，变成了直接办理通信事务的机构。这样，通信系统比先前简化了，大大提高了工作效率。

清朝通信的时限达到了历史上最快的速度。以前一昼夜最多跑四五百里，清朝的马递传送公文，最快可达一昼夜六百到八百里。康熙年间平定三藩叛乱，从大西南到京师送军事情报，路程达五千余里，快马通信九天即可递到。康熙派施琅收复台湾，从福建报捷到京师，路程四千八百多里，也只需九天。

雍正建立了军机处以后，清朝邮驿事业更有新的发展。军机处可以直接下发皇帝的上谕或诏令。这些上谕有时可以不经外廷内阁处理，由军机处直接交给兵部的捷报处发给驿站向下驰递。这些重要文书上面常常书有"马上飞递"的字样，表明其为急递文书。有的要求时限更紧，直接写上"六百里加紧"，甚至有要求"飞折八百里驿递"者，即分别要求以每日六百里、八百里的速度抵达。这样的方式，既高效又能保密，邮驿又向前发展了一步。

清朝前期的皇帝一般都是励精图治的，他们密切关注着边疆战事的发展，也十分关心邮驿的效能。据记载，乾隆每夜都要等前方军报，不管什么时候来，都命令周围的人立刻叫醒他。当有关大臣奉旨来到时，他早已看完了公文，准备拟诏指示了。前方若有一两天不来军报，乾隆就坐立不安，夜不能寐。假若那时没有发达的邮驿设施，清朝皇帝们若要及时了解前

清代文物

方军情，进行适时的决断，对前方战局实行有效的遥控，几乎是不可能的。

（九）旧式邮驿的衰败

清朝中叶以后，封建社会面临崩溃。随着封建制度的发展，旧式邮驿自然也出现了许多无法弥补的弊端。

生活在封建驿政下的驿夫，在水深火热中受着煎熬。康熙时期有一位诗人，描写当时驿夫的悲惨生活说："奔疲面目黑，负背形神枯，水深泥没踝，衣破肩无肤，苦情不敢说，欲语先呜呜。"被迫抓来当水驿挽船的纤夫的处境更为悲惨。诗人梁清标的《挽船行》描写说："穷民袒臂身无粮，挽船数日犹空肠。

清代文物——护照

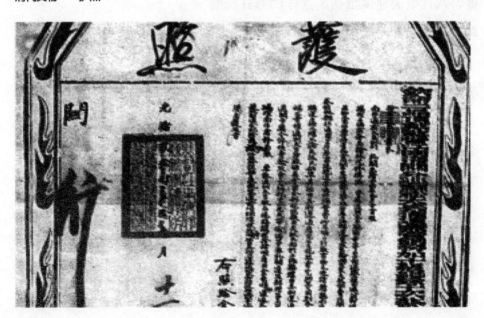

霜飚烈日任吹炙，皮穿骨折委道旁。前船夫多死，后船夫又续。眼见骨肉离，安能辞楚毒？呼天不敢祈生还，但愿将身葬鱼腹！可怜河畔风凄凄，中夜磷飞新鬼哭。"

服役条件如此恶劣，驿夫自然不可能有劳动的积极性，于是纷纷逃走。河北武清县东北有一个河西驿，地处京东水路通衢，一直是各朝漕运的咽喉。清初时期，这里的邮务很发达，有152名役夫，33匹驿马。但到了光绪年间，这里驿务萧条，只剩下役夫30名，驿马24匹。当时有一位兼管驿务的下层官吏，曾写了一部《河西驿日记》。在他的笔下，河西驿是一个残破不堪的机构：破烂的房屋，即将倒塌的马棚，老弱待毙的病马，饥寒交迫的驿夫，构成一幅凄凉的图画，在河西驿上，还有不法的官吏，不断进行勒索，造成文报迟延，通信阻塞，邮务不能正常进行。这样的驿站，自然不可能担负起邮驿通信的重责。

有识的革新之士早就提出取消这种传统驿站。晚清著名思想家冯桂芬，专门写了一篇《裁驿站议》，深刻揭露了清政府邮驿的流弊，他认为应当下决心取消驿站，

桂林寄祁阳民信局裸单

冯桂芬画像

改设近代邮政，不仅可以省去国家每年三百万元的开支，而且可借邮政收入数百万之盈余。既利于官，又便于民。一时，改良主义思想家王韬、薛福成、郑观应等纷纷撰文，论述旧式邮驿之不便、新式交通通信设备之必须。在形势的逼迫下，清政府于1896年始办新式邮政，渐渐代替了驿站。到辛亥革命后，北洋政府宣布将驿站全部撤销。古老的中国在邮驿制度上经历了一次实质性的大变革，古代邮传随之退出了历史的舞台。

二、古代邮传方式

舜帝塑像

《春秋》左传记录过"乘遽"

（一）喉舌之官

舜的时候，设有专司通信的官。司马迁的《史记》说，舜曾设置22名"纳言"的官，"明通四方耳目"。这些官员夙夜出入，到各地听取民间意见，并把舜的意图传给大家。他们被称为"喉舌之官"，实际上是当时起上通下达作用的通信官吏。

（二）单骑通信和接力传书

春秋时期，各诸侯国日益强大，经济迅速发展，通信设施也进一步完善。这时期邮驿发展的重要标志，是单骑通信和接力传递的出现。

单骑快马通信的最早记载是郑国子产

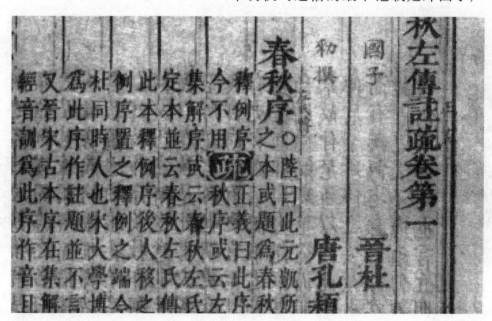

古盂城驿

的"乘遽"。《左传》记载,公元前540年秋天,郑国公孙黑叛乱,正在都城远郊办事的相国子产闻讯后立即赶回。因为怕乘普通的车赶不上平乱,他临时乘了单骑的"遽"归来,这个"遽",就是那时邮驿中新出现的速度最快的单骑通信。

接力传递的最初记载,也出自《左传》。公元前541年,秦景公的弟弟针去晋,在秦晋间开通了一条邮驿大道,每隔10里路设一舍,每辆邮传车只需跑10里,便可交给下一舍的车辆。这样一段一段接力,共历百舍即达千里,正好由秦国的都城雍(今陕西凤翔)

长城烽火台

抵达晋国的都城绛（今山西绛县）。这种接力运输和传送信件方式，自然要比单程车传要快得多。

（三）声光通信和烽火通信

春秋时期，声光通信活动越来越被军事家们所广泛采用。当时著名的军事家孙武，在自己的兵法中把金鼓与旌旗喻为"一人之耳目"，他的后辈孙膑更明确指出，在发现敌情时，"夜则举鼓，昼则举旗"，实际上就是利用声光通信的原理进行通信。

春秋时，声光通信也曾闹过一次笑话：楚厉王有一次喝得酩酊大醉，在宫中擂起了大鼓，弄得都城惶惶不安，以为有什么军事行动或有重大敌情，纷纷拿起武器集结在王宫门前。结果楚厉王只好出来向大家道歉，说明这只是一场虚惊。通过这个故事，我们可以想象到，那时楚国在利用声光通信方面效率是很高的。这种声光通信，在战国时大思想家、科学家墨子的著作中，也曾有过记载。《墨子》记载，战国时的一些堡垒，常常以树上大旗杆作为目测标志，又以鼓声作为耳听信号，根据不同战况，举起二到六面旗，鼓声则从三声至八声。敌人越攻至近处，旗鼓越多。到夜间，则用"五烽五鼓"，即燃起五处烽燧，敲大鼓五次。

两汉时期有着发达的烽火通信设施，"五里设一燧，十里有一炖，三十里一堡垒，一百里一城寨。"所谓"烽""燧"，都是点燃易燃物发出亮光的通信标志。这些烽燧，常常设在靠近水源、地势较高便于瞭望的地方。

著名历史学家翦伯赞说："在汉代沿长城全线西至罗布泊沙漠，直达克鲁库特格山麓，皆列置堡垒烽燧，即汉书上所谓亭障，以为瞭望敌人及传达烽火信号之用"，"万里相望，于是中国的西北，筑成了一条坚

甘肃汉烽火台

强的防线"。至今在往日的丝绸之路沿途，仍可看到当时这些军事设施的遗址：一座座烽火台巍然高耸，附近有当年边防人们所住的小城遗址，构成一幅幅壮丽的图画。

怎样利用烽火来通报敌情呢？汉朝对此有严格的规定。烽是指在五丈多高的土台上放置一烽竿，类似汲水的桔槔。烽竿上缠上纺织品，平日放下，遇有敌情立即举起，称为"表"，一般为白色，比较醒目；夜晚看不见，便点燃成火炬，称为"烽"。

从现存的汉简中，我们可以大致了解当时烽火的信号。假如发现有敌人一人或数人，则焚一捆薪，举起两个烽火。如果发现的是

长城烽火台

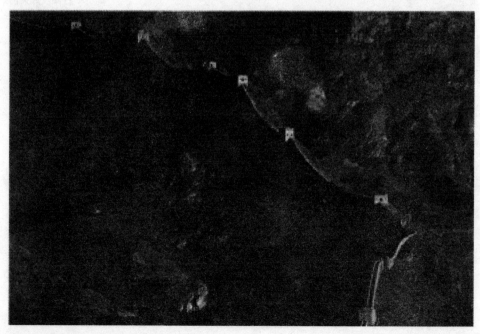

10 人以上的敌军进犯，除举火外，还要将烽高高扬起。假如是 500 或 1000 名敌人来犯，则除焚薪外，需举三烽。通过这些预先约定的信号，可以使军内迅速而准确地知道敌情，以作必要的准备。

此外，还有一些其他规定。如敌人入塞，举放烽火时，所有边亭负责尉吏都必须到位，并将敌人人数和到达部位及时报告上级都尉府。若遇大风大雨，不能施放烟火，则必须及时派出快马"亟传檄台，人走马驰"，报告上级。若敌情万分危急，或敌人已攻下烽火亭障，不能按时举火，则应由相邻亭台点火，依次通报

"鸿雁传书"

下面的烽火台。

　　俗话说："军令如山倒。"两汉时，对屯驻官兵来说，边境烽火警报无疑是至上的命令。据汉文帝时名臣贾谊记载，当时在敌情严重时，边疆的将士日夜不眠，将吏都穿着甲胄，随时听命待发。西汉名将赵充国对这些烽火制度有很高的评价，认为烽火通信是以逸待劳的好办法。有一件居延出土的汉简生动地描述了当时因烽火信号及时，汉朝军队避免损失的情况："在早晨五点钟……临木燧的士兵，举起了信号旗，并燃起了一个信号火堆。敌人后来向西北方向撤退，没有造成损失。"

（四）鸿雁传书和鱼传尺素

两汉时，关于通信流传着许多生动的故事。其中最有名的是"鸿雁传书"的典故。据载，汉武帝时，汉朝使臣中郎将苏武出使匈奴被鞮侯单于扣留，并把他流放到北海（今贝加尔湖）无人区牧羊。十九年后，汉昭帝继位，汉匈和好，结为姻亲。汉朝使节来到匈奴，要求放苏武回去，单于不肯，却又说不出口，便谎称苏武已经死去。后来，汉昭帝又派使节到匈奴，在禁卒的帮助下，和苏武一起出使匈奴并被扣留的副使常惠秘密会见了汉使，把苏武的情况告诉了汉使，并想出一计，他让汉使对单于讲："汉朝天子在上林苑打猎时，射到一只大雁，足上系着

鸿雁

鸿雁

一封写在帛上的信，上面写着苏武没死，而
是在一个大泽中。"汉使听后非常高兴，就按
照常惠的话来责备单于。单于听后大为惊奇，
又无法抵赖，只好放回苏武。从此，"鸿雁传书"
的故事便流传开来，成为千古佳话。

有关"鸿雁传书"，民间还流传着另一个

故事。唐朝薛平贵在外远征，妻子王宝钏苦守寒窑数十年，矢志不移。有一天，王宝钏正在野外挖野菜，忽然听到空中有鸿雁的叫声，勾起了她对丈夫的思念。动情之中，她请求鸿雁传书给远征在外的薛平贵，但是荒郊野地哪里去寻笔墨？情急之下，她便撕下罗裙，咬破指尖，用血和泪写下了一封思念夫君、盼望夫妻早日团圆的书信，让鸿雁捎去。

以上两则"鸿雁传书"的故事已经流传了千百年，"鸿雁传书"也渐渐成了邮政通信的象征。鸿雁，也就成了邮使的美称。

在我国古诗文中，鱼也被看做传递书信的使者，并用"鱼素""鱼书""鲤鱼""双鲤"等作为书信的代称。唐代李商隐在《寄令狐郎中》一诗中写道："嵩云秦树久离居，双鲤迢迢一纸书。"古时，人们常用绢帛书写书信，而唐人常用一尺长的绢帛写信，故书信又被称为"尺素"（"素"指白色的生绢）。因捎带书信时，人们常将尺素结成双鲤之形，所以就有了李商隐"双鲤迢迢一纸书"的说法。显然，这里的"双鲤"并非真正的两条鲤鱼，只是结成双鲤

在我国古诗文中，鱼也被看做是传递书信的使者

之形的尺素罢了。

书信和"鱼"的关系，其实在唐以前就有了。秦汉时期，有一部叫《饮马长城窟行》的乐府诗集，主要记载了因秦始皇修长城，强征大量男丁服役而造成妻离子散的故事，其中有一首五言诗写道："客从远方来，遗我双鲤鱼；呼儿烹鲤鱼，中有尺素书。长跪读素书，书中竟何如？上言长相思，下言加餐饭。"这首诗中的"双鲤鱼"，也不是指两条真的鲤鱼，而是指用两块板拼起来的木刻鲤鱼。在发明造纸术之前，没有现在的这种信封，写有书信的竹简、木牍或尺素是夹在两块木板里的，而这两块木板被刻成了鲤鱼的形状，就成了诗中的"双鲤鱼"。把两块鲤鱼形的木板合在一起，用绳子在木板上的三道线槽内捆绕三圈，再穿过一个方孔缚住，在打结的地方用黏土封好，然后在黏土上盖上玺印，就成了"封泥"，可以防止信件在送信途中被私拆。至于诗中所用的"烹"字，也不是真正去"烹饪"，只是一个风趣的用字罢了。

（五）千里牛和驼驿

1. 魏晋南北朝时期，邮驿史上出现了

大型砖雕鲤鱼跳龙门

驼驿俑

许多新鲜事物。晋朝时，有些地方官员为了尽快和中央取得通讯联系，向中央敬送鲜物，寻找了一种快马速递，称其为"千里牛"。据说从兖州到洛阳间可以实现"旦发暮还"，一日来回千里。

驼驿，是指骆驼送信。用骆驼作通信工具的事例，有过很多记载。著名民歌《木兰诗》中就有"愿借明驼千里足，送儿还故乡"之句。魏孝文帝定大姓时，各地豪族唯恐定不上"高门"，纷纷以急传书信的办法向中央汇报本族

信鸽传书

的情况，有的大姓派人"星夜乘明驼，倍程至洛"。陇西李民就是这样做的，还因此被人们戏称为"驼李"。

（六）空中通信

"空中通信"当然不是现在的飞机航空，它是指使用风筝、信鸽等进行通信的方式。

信鸽传书，我们都比较熟悉，现在还有信鸽协会，并经常举办信鸽长距离的飞行比赛。信鸽在长途飞行中不会迷路，是因为它具有一种特殊的功能，即可以通过感受磁力与纬度来辨别方向。

在历史上，张九龄的信鸽送书是最有名的。张九龄是唐玄宗开元时候的著名宰相，少年时代，他的家中养了一大群鸽子，每与亲朋好友书信往来，他都把书信系在鸽子腿上，指令它飞往固定的地点，以此和亲友互通信息。张九龄还把这些信鸽号为"飞奴"。

不过，在历史记载上，信鸽传书主要是用于军事通信。公元 1128 年，南宋大将张浚视察部下曲端的军队。他来到军营后，见空荡荡的没有人影，非常惊奇，令曲端把他的部队召集到眼前。曲端立即把自己统帅的五个军的花名册递给张浚，请他指出想看哪

我们现在娱乐用的风筝，最初是为了军事需要而制作的

一军。张浚指着花名册说："我要在这里看看你的第一军。"曲端不慌不忙地打开笼子放出一只鸽子，顷刻间，第一军全体将士全副武装，飞速赶到。张浚大为震惊，又说："我要看你全部的军队。"曲端又放出四只鸽子，很快，其余的四军也火速赶到。面对整齐地集合在眼前的部队，张浚大喜过望，对曲端更是一番夸奖。其实，曲端放出的五只鸽子，都是训练有素的信鸽，它们身上早就绑好了调兵的文书，一旦从笼中放出，就会立即飞到指定地点，把调兵的文书送到相应的部队去。

李白

我们现在娱乐用的风筝，最初是为了军事需要而制作的，当时的主要用途是军事侦察，或是传递信息和军事情报。到了唐代以后，风筝才逐渐成为一种娱乐的玩具，并在民间流传开来。

军事上利用风筝的例子，史书上有很多记载。梁朝末年，侯景叛乱，围攻京城，内外消息断绝。这时，京城内有一个小孩向朝廷建议用风筝向外报信。太子萧纲听从了这个意见，扎了一个很大的纸鸢风筝，在风筝背面绑上告急书信，写明谁若获得此书求得援军赏银100两，并用几千丈长的绳子放出。可惜的是，萧纲放了几次纸鸢，都被侯景派人射下，梁朝终未得救。

唐朝的风筝通信，史书记载的最有名的一次是公元781年张伾的风筝报警。这年，河北节度使田悦反叛朝廷，出兵围困了临洺（今河北永年），临洺唐军守将张伾坚守待援。他为了向周围友军求援，把告急书附在风筝上，高高飘起百余丈。叛军纷纷向风筝射箭，但都没有射中。最后告急信终于到达援军处，内外夹攻，政府军取得了胜利。

（七）水电报

隋唐时期，出现了"邮筒"这个名词。但它并不是今天我们所见的街道或邮局门前的那种邮筒，而是一种水上邮件运输工具。隋军平陈时，因"水陆阻绝，信使不通"，大将史万岁急中生智，想出一个妙法：把告急信放在竹筒里，让它浮江而下，漂到主帅杨素那里，战况很快就一清二楚了。这种方法到唐朝时仍被沿用。文学家元稹和诗人李白，便几次用过邮筒传书的方式。元稹和白居易、钱徽、李穰四位诗人交往密切，他们分别在杭州、吴兴、吴郡（今苏州）、会稽（今绍兴）四地做官，互相之间经常有诗书

关于军事上利用风筝的例子，史书上有很多记载

"瓶中信"与"水电报"形式基本相同

往来，就是用这种水上邮筒。李白的诗中也曾提到过"挑竹书筒"。这种通过水上邮筒进行通信往来的故事还被文坛誉为雅事。唐朝诗人贯休在自己诗里曾称这种邮筒送信方便而又风雅，"尺书裁罢寄邮筒"，可见当时颇为文人所欣赏。

隋朝末年，还有过类似欧洲史上"瓶邮"的通信方式。隋炀帝大业十一年（615年），隋炀帝到北边巡狩，不料被突厥围困在雁门。当时信息不通，炀帝十分着急，便命人用木系诏书，放入水中，令其顺汾水而下。诏书被援军接到，一个月后援军抵达，突厥不得不撤走。后来，清末的四川革命党也曾用这种方法把清政府屠杀民众的消息传播出去，当时号称"水电报"。

三、古代邮传制度

古代驿站旧址

（一）第一个邮传制度——《邮驿令》

我国古代邮驿方面的法规则始见于秦朝，但都不是完整意义上的邮驿法，邮驿方面的法规只是散见于各典章当中。直到曹魏时期，才由录尚书陈群负责制订了中国历史上第一部专门的邮驿法——《邮驿令》。

东汉末年，军阀混战，中原地区非常混乱，普通百姓连日常生活都难以为继，邮递自然十分困难，地方也很少给中央政府上书，驿书传递最多不超过600里。直到政治家曹操统一了北方，各方面的法令开始逐步完善，包括加强对邮驿的管理。

曹丕建魏后，把长安、洛阳、许昌、邺、谯五个北方大城市建成五个军事重镇，称为"五都"，并围绕这五都建立了四通八达的联络通信网。那时，曹魏的通信，绝大多数是军事文书，主要靠快马投递，步邮较少。这主要是因为当时社会秩序不是十分稳定，步行邮递很不安妥。即使少量的步行邮递，也不用接力传送，而是找一些擅长快跑的人，专程邮递，中途不换人。这些人被称为"健步"，后来被称为"急脚子"或"快行子"。曹魏有些专门的信使级别很高，可以与公卿同坐。女诗人蔡文姬有一次为丈夫董祀向曹操求情时，就曾看到过驿使与公卿共坐的场

曹丕画像

面。此时信使的身份较高，可能是因为社会不安定，信使必须由较为亲近的人充当，较为可靠。而这些显贵的亲信，身份一般是大大高于过去充当信差的吏卒的。

但曹魏时在邮驿史上最大的建树，还是《邮驿令》的制定与实施。这是我国历史上第一个专门的邮驿法，对后世有深远影响。其内容包括军事布阵中的声光通信、"遣使于四方"的传舍规定以及禁止与五侯交通的政治禁令等。可惜的是，这部邮驿法原文已经失传，只能在《初学记》《太平御览》等后人的辑文中看到一些内容。《太平御览》有几处引用了这部法令中有关曹操行军用声光通信的内容：

山西大同四十里铺曾是古代的驿站

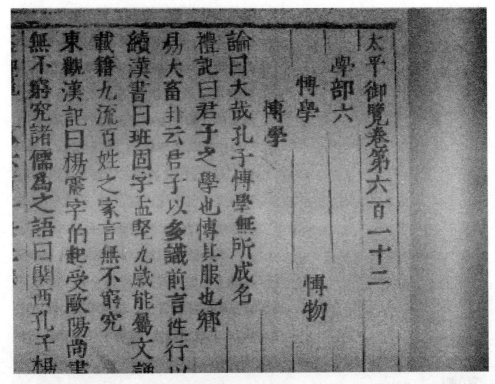

《胎盘御览》

"魏武（即曹操）军令：明听鼓音、旗幡。
麾前则前，麾后则后""闻雷鼓音举白幡绛旗，
大小船皆进，不进者斩"。鼓音是声，白幡
绛旗是色和光，这是古代声光通信的延续。
书中还提到了紧急文"插羽"，即插上羽毛，
类似后来的鸡毛信。

（二）完善的隋唐邮驿制度

隋唐时期，邮驿制度十分完善，保证了
全国驿传的正常进行。

隋朝国祚甚短，史书上关于邮驿系统的

记载不多，但从零星留下的史料中，也足以看出当时邮传的效率。《隋书》记载，隋炀帝亲征高丽的 30 万大军就是靠邮驿结集的。隋军集中于涿郡时，炀帝下诏："凡此众军，先奉庙略，驰驿引途，总集平壤。"炀帝时，兄弟汉王谅叛乱，权相杨素授权李子雄出兵进讨，所依赖的军队，也是在幽州"传舍"附近临时召募的。

李唐建国以后，邮驿制度在隋朝的基础上更加完善。在王朝中央和地方，均有专职的邮驿官吏。根据《唐六典》的记载，唐朝政府规定，六部中的兵部下设的驾部郎中，专门管理国家的驾舆、驿传之事和马政，以

《唐六典》

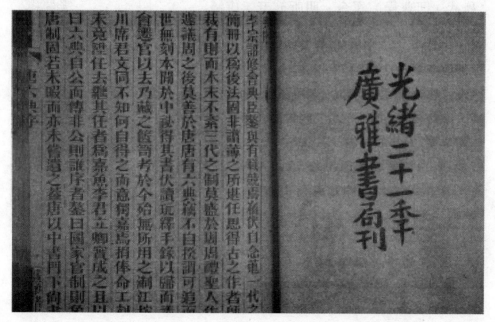

方便邮驿中马匹的统一使用。在地方，唐朝有一整套邮驿管理机构。诸道节度使下，有专管邮驿的馆驿巡官四名；各州由州兵曹司兵参军分掌邮驿；到县一层，则县令兼管驿事。至于县以下的乡一层，唐玄宗以前，主理驿务的称为"驿将"，由当地"富强之家主之"，到唐肃宗以后，改由政府任命驿长主管。这套完备的邮政机构，管理着全国两万多名邮官、驿丁和总计约五万里驿程的邮路。

　　为保证邮驿的正常运行，不受盗贼和地主豪贵的干扰，唐政府在各驿站设有防兵。唐代宗时在洛阳至淮河的运河两岸，每两驿

乌镇有着悠久的邮政历史

置驿防兵 300 人。唐朝规定 30 里一驿，即每里有驿兵五人。这就形成了一支能够十分有效地保障邮驿畅通的队伍。

唐政府还有定期考核全国邮驿的制度。唐宪宗元和年间，曾让各道观察使任命判官，到各州县考核邮驿事务，完成任务者有奖赏，有违法行为的将受到惩罚。除了定期考核之外，还有不定期的巡视。唐玄宗、肃宗、代宗时，都曾派政府大员到各地视察邮驿执行情况。

唐朝规定全国各地的邮驿机构各有一定的驿产，以保证邮驿活动的正常开支。这些驿产，包括驿马、驿船、驿舍、驿田和相关邮驿工具、日常办公用品、馆舍的食宿所需

乌镇有着悠久的邮政历史

等。唐朝是我国历史上富盛的帝国，一切都甚讲排场。唐朝的驿田，按国家规定，数量也较多，据《册府元龟》记载，唐朝上等的驿，拥有田地达 2400 亩，下等驿也有 720 亩的田地。这些驿田用来种植苜蓿，解决马饲料问题，其他收获用作驿站的日常开支。唐朝陆驿备有驿马，水驿则备驿船。按《唐六典》规定，上等陆驿每驿配备马 60 匹至 75 匹不等，中等驿配 18 匹至 45 匹，下等驿也有 8 匹至 12 匹。水驿则配备驿船，从一艘至四艘不等。唐政府每年还固定给各驿站发放经费补助，每年从全国各地收上驿税约 150 万贯左右，分给每个驿站的经费约 1100 贯。

完备的邮驿管理制度和充足的驿传经费，保证了唐朝邮路的正常运行。

国民政府印花税票

（三）"金牌"制度

我们都知道抗金名将岳飞，是被十二道金牌从前线强迫召回临安（今杭州）打入大牢，然后处死的。明朝人李东阳有一首《金字牌》诗，愤怒地控诉了南宋投降派杀害岳飞的罪行。有几句说道："金字牌，从天来，将军恸哭班师回，士气郁怒声如

雷。"这个"金字牌"制度是怎么回事呢？

宋朝时，金字牌是一种通信凭证。北宋初年，邮驿通信的凭信原国驿券，是一纸证明，凭此券可在驿路上通行无阻。到宋太宗时，发生了一起诈乘驿马的作乱事件。有一个中级官吏的儿子，冒充驿官，索乘驿马，并用私买的马缨假充凭信，蒙混走过许多驿站县城，掳掠官吏财物，后来被地方官识破，才被捕获。宋太宗知道后十分震惊，决定用银牌代替驿券作为驿路凭证。这种银牌长六寸，宽二寸半，有隶字书，刻有飞凤和麒麟图样，两边有年月。后来又发展为金字牌、青字牌和红字牌三种。

宋神宗时起，金字牌规定为急脚递使用。

天门沟驿站

金字牌的出现与战争的紧急状态有关。宋神宗时与西夏激战，西夏发兵八十万围攻兰州。为了能让军情神速传递，宋政府下令用金字牌直通皇帝，不按平时的手续走普通的递铺。金字牌是一尺多长的木制通信檄牌，以朱漆为底刻上金书，书为八字："御前文字，不得入铺。"表示万分紧急，不要在递铺耽误。这种金牌送文，要求日行四百到五百里，当时的人形容金字牌"光明眩目"，"过如飞电，望之者无不避路"。这种金字牌急脚递，相当于古时的"羽檄"，类似后世作为紧急文书的"鸡毛信"。南宋高宗绍兴十一年（1141年），就是通过这种

宋神宗赵顼像

岳飞塑像

急行通信的方式,用十二道金牌勒令岳飞退兵,阻止他向金军进攻,断送了抗金斗争的大好形势。

除金字牌外,南宋还有青字牌和红字牌。青字牌为雌黄底青字,亦为木制,规定日行350里,也是急递的一种通信凭证。红字牌为黑漆红字,限日行300里。不过,到了南宋末年,由于邮驿管理的日益混乱,通信檄牌频频变更,这种制度也就逐渐被淘汰了。

(四)古代完整的通信法规——《金玉新书》

南宋时,与北方金的激烈战事刚刚结束,

诸事需要整理就绪，而原先北宋时所用法规大都散失，邮驿制度也很混乱，宋高宗便命令一些朝臣汇集了散在民间的有关邮驿旧法，编纂了一部相当完整的专门的通信法规，这就是《金玉新书》。所谓"金玉"，是取古代"金科玉律"这个专词的简称。可惜的是，经过历代战乱，这部法规后来在民间也不流传了。在明朝修的大型类书《永乐大典》的一四五七五卷中保存了它的原文。

根据《永乐大典》，我们可以知道这部《金玉新书》共有115条，其中有关邮驿刑律的51条，涉及赏格的10条，关于邮驿递

宋高宗赵构像

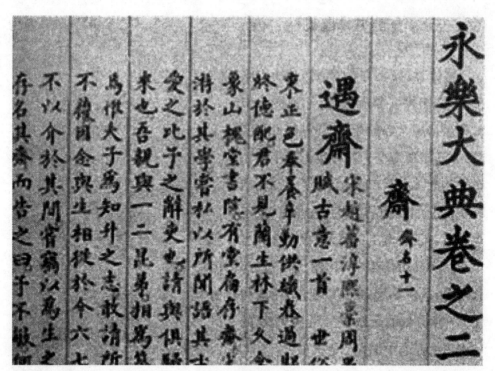

《永乐大典》

铺组织管理的内容 54 条，法规涉及的范围很广，并严格地维护了官方文书的不可侵犯性。比如，《金玉新书》规定，盗窃、私拆、毁坏官书者属犯罪行为，都要处以刑罚，若盗窃或泄露的是国家重大机密信件，则处以绞刑。敢于盗窃或泄露涉及边防军事等情报内容的信件者斩，教唆或指使犯法者也同样处以斩刑。盗窃的若是一般文书，按规定也属于触犯刑律，处以徒刑，发配 500 里。《金玉新书》还规定，刑罚不仅仅针对那些作为传递文书的当事驿夫，同时也要处置他的上级官吏，

包括有关急递铺的曹官和节级，失职者一样处以杖刑。

《金玉新书》对驿递过程中的驿递程限、各种传递方式中发生的失误，都有具体的律令规定和不同的量刑标准。比如处罚邮件失误的量刑中，步递最轻，马递次之，急脚递最重。计算行程、误期的量刑，以日计算，天数不同，刑罚亦不同。

从《金玉新书》可以看出，宋朝政府对邮驿的规定是很严格的。而"以法治邮"的做法，保证了邮驿的正常运行。

（五）"私书附递"的法津化

宋朝以前，官员们通过国家的邮驿机构投寄私书，虽然是可行的，但始终没有得到法令的许可。到宋朝，情况就不同了。官员的"私书附递"，成为皇帝诏令中明文规定的事。这是我国邮驿制度史上的一次重大变革，从此，通信范围大大扩大了。

北宋太宗雍熙二年（985年），宋太宗为笼络士大夫官员，特别恩准：官员在近系家属之间，可以随官方文书一起传带家信。后来因弊端太多，一度废止。但到宋仁宗统治时候，再度放宽，下诏令说："中外臣僚许以

宋仁宗时期私书附递开始普及

递铺驿站雕塑

家书附递。明告中外，下进奏院依应施行。"
开始时，官员私书只许步递传送，不得影响和
干扰国家急递文书，但后来制度逐渐松弛，大
量私人书信都通过急递铺附递了。北宋大文学
家欧阳修和朋友间往来的书信，便是由急脚递
传送的。他的信中往往有"近急足还府，奉
状""急足自徐还，辱书""近急脚子还，尝奉
讯"等字样，便是证明。

允许私书附递后，士大夫中书信往来猛然
增多，名人文集中"书牍"体裁的文章也骤然
多了起来。苏东坡集中便有许多家书体的文
章，写得隽永可亲，其中常常有"轼启，近递

站赤

中奉书必达""别后递中得二书，皆未果答，专人来又辱专笺"的附言，这"递中"便指的是递铺传送的书信。诗人陆游有一首诗表达了他接到书信时的心情："日暮坐柴门，怀抱方烦纡。铃声从西来，忽得濠州书。开缄读未半，喜极涕泗俱。"这是说，晚年的陆游被朝廷罢官在家闲居多年，正在愁闷无所发遣之际，忽然听到自远方传来邮递的铃声，收到了来自远方的私书。他感动极了，读着读着，不禁老泪纵横。

宋人笔记小说中，记载了这样一个故事：有一个名叫曹泳的人，是奸相秦桧的爪牙。他的官越做越大，有不少乡邻巴结他，唯独妻兄厉德斯不买他的账，不愿奉迎他。秦桧于公元1155年死去，厉德斯立即写了一封信，派人送到曹泳处。曹接书一看，是题为《树倒猢狲散》的文章，痛骂秦桧奸臣一伙。这个故事，说明了当时人们对奸臣的唾弃，但同时也反映了南宋时私人书信已有多种递送的合法途径。

（六）"站赤"制度

元朝建立了历史上疆域最大的帝国。为了适应广大领域的统治，元朝统治者在

畢

本司

宣統三年閏六

元代站赤

邮驿方面进行了积极的改革，大大扩展了驿路范围。早在成吉思汗时代，就在西域地区新添了许多驿站，建立起有效的邮驿设施。窝阔台和成吉思汗的孙子拔都，更把元朝政府的驿路一直横贯到欧洲，形成了一条联络欧亚大陆的长长的驿路。

元世祖忽必烈统一中原后，制定了一份《站赤条例》，保障了邮驿系统的有效运转。所谓

"站赤"，是蒙古语"驿传"的译音。"站赤"制度的基本内容有十多项，诸如驿站组织领导、马匹的管理、驿站的饮食供应、验收马匹、约束站官、检验符牌、管理牧地、监督使臣和按时提调等。元朝时各驿站设有驿令和提领导驿官，他们的职责包括如数供应良马、检验驿使凭证、清点驿站设备等。有关驿站管理和驿官考核的具体条例，对元代邮驿的发展起了保证作用。

元朝的驿路四通八达，构成元朝政府的神经和血液脉络，对维持政府在全国广大地区的统治具有重要的作用。尤其对发展我国边疆地区的交通，具有促进作用。

始建于元代的驿站

鸡鸣驿始建于元代

今天的东北三省,元朝时属于辽阳中书行省,当时有南北两大驿路干线,向北延伸到黑龙江入海处的奴尔干城,南抵高丽王都开京(今朝鲜开城),共辖有 135 个驿站,管理驿马 6515 匹,驿车 2621 辆,驿牛 5259 头,驿狗 3000 只。今天的甘肃地区,是元朝通西域、中亚的必经之路,有驿站 47 处,有的驿站拥有驿马 300 匹左右,最少的也有 30 匹。

元朝通过驿路和西方有频繁的往来。当

时中西国际驿路共有三条：一条从蒙古通往中亚；一条是通往叶尼塞河、鄂毕河、额尔齐斯河上游的驿路；第三条为经过甘肃走廊通往中亚、欧洲的传统丝绸之路。对当时中西驿路的畅通，史家交口称赞。清初史家万斯同说："元有天下，薄海内外，人迹所及，皆置驿传，使驿往来，如行国中。"意思是说，元朝在有人居住之地都设置了驿站，往来世界，就像在国内一样。

元代驿站

　　元朝的驿站都备有驿舍，这和宋朝的馆驿一样，是用来招待使臣住宿的房舍，其陈设之华丽也和宋馆驿相近，用意大利旅行家马可·波罗的话来说，元朝驿舍是"有宏伟壮丽的建筑物，陈设华丽的房间"。驿站负责给使臣配备交通工具，陆行有马、驴、牛，水行有舟，山行有轿，东北边远地区还有用于冰上的驿狗。据统计，元朝全国 1119 处驿站共约有驿马 45000 匹。南方一些水运发达地区，有水驿 420 多处，备驿船 5920 多艘。在东北的哈儿宾（即今哈尔滨）地区则有狗站 15 处，供应驿狗 3000 只。这些交通设施共同构筑了元朝在全国的驿路交通网。

將軍勘票

守□□□□□□衙門

□□□□□□□□□□□□
□□□□□□□□□□□□□

票仰沿途驛站到日驗票放行

甚毋驛官兵有到驛站不□□□□

復改上司究處亦不得任意□□□□□

□□□□□□□□□數目一體□付

□□□□□□□□□該驛站即行□□

□□□□□□□□□□□□□□□運須

臺□□□□□□□□□運□

同治　八年　十二月　十四日

四、古代驿站风采

（一）私人逆旅

逆是迎接的意思，逆旅指迎接行旅中的来往人员。

魏晋南北朝时期，私营客舍大大发展起来，当人们把这种私营客栈称为"逆旅"。当时，无论南方北方，一些官僚都有自营客店存在。如北魏大臣崔光的弟弟崔敬友，曾"置逆旅于肃然山南大路之北，设食以供行者"。南朝梁武帝的弟弟萧宏，仅在建康城里就开设宿客和贮货兼营的"邸店"数十处。民间私营逆旅事业的发展，不仅说明了当时商业的繁荣，也从一个侧面反映出当时邮驿事业的兴盛。

隋唐时期，更为普遍存在的是私营旅舍，但当时仍沿袭前代称为"逆旅"。从魏晋南北

仿古客栈

古代客栈

朝到隋唐，由于交通更加畅通，商品经济大大发展，私营逆旅也随之发展得更快。这些私人旅舍比较自由，一般开在驿路沿线的村镇之中，有的还同时开设酒店，使旅途劳累的客人有吃有喝，能美美地休息一宿。唐张籍的诗"锦江近西烟水绿，新雨山头荔枝熟。万里桥边多酒家，游人爱向谁家宿？"描绘出了四川成都附近一些私人逆旅兼酒家的状况。

私营客店之多，妨碍了官营的驿馆，隋初时，朝廷上还为此有过一次大争论。宰

长宁驿曾是唐代至明、清设在关陇大道上的重要驿站

相苏威认为"店舍乃求利之徒，事业污杂，非敦本（崇尚农业）之义"。建议关闭所有私人逆旅，命其归农。这番议论遭到许多朝臣的反对，大臣李谔指出，私营逆旅自古皆有，与官营邮驿旗亭同时存在，各有所司，一旦取消，与民不便。这一意见得到隋文帝杨坚的赞同，认为他是体谅民情的好大臣。可见，隋唐逆旅的发展是顺应历史要求的。

到了唐代，逆旅已成为人们日常生活中不可缺少的设施。唐代私人逆旅老板，有时就是政府驿站的头目，同时兼营国家驿舍和私家旅馆。如唐朝拥有绫机五百架、资财百万的著名纺织企业家何明远，既管理着官府的三个驿，管理着驿站、驿舍，同时也在驿边"起店停商"。私人逆旅的兴盛，从一个侧面反映出唐朝经济的繁荣、邮驿交通的发达和社会生活的丰富。

（二）宾至如归的宋代馆驿

宋代馆驿已和通信邮递完全分开，仅履行政府招待所的职责。

宋代的馆驿，可分为几个不同的等级和层次。国家一级的是高级迎宾馆，招待来自四邻的国家使节。当时的北宋都城汴梁，建有四所重要的大型宾馆，其中专门接待北方契丹使者的叫"班荆馆"和"都亭驿"；接待西北西夏等少数民族政

宋代馆驿

古代端州驿站

权使臣的叫"来远驿";接待新疆地区和中亚来宾的叫"怀远驿"。这些高级宾馆设备豪华,有时还在此举行国宴,宴请各国使臣和朝内大臣。

地方一级的政府招待所也很华美。从外表看来好似壮观的大庙,又像是颇有派头的官府,也像富裕人家的邸宅。内部设施应有尽有,让旅客乐而忘返。宋朝文学家苏东坡有一篇散文叫做《凤鸣驿记》,对馆驿进行了这样的描绘:"视客所居与其凡所资用,如官府,如庙观,如数世富人之宅,四方之至者如归其家,皆乐而忘去。"南宋时的另一位文学家毛开又用细腻的笔调,描写了另一处驿馆:"为屋二十四楹,广袤五十七步,堂守庐分,翼以两庑,重垣四周。"意思是:屋宇左右前后有二十四间房子，住宿面积五十七步，十分宽敞，有厅堂、居室和走廊，四周还有高高的院墙。这里服务人员很齐全："门有守吏，里有候人"，简直是"宾至如归"，居住起来舒适极了。

为了修建这些豪华的馆驿，两宋政府花费了大量人力物力。上述苏东坡住过的凤鸣驿位于今陕西地区的扶风，太守修造这个驿馆时，动用了3.6万个民夫，仅木材和石料用白银即达20万两以上。

江苏高邮古城南门外孟城驿站

那时也有供平民百姓住的驿馆，尤其是在管理不十分严的小驿站里，普通百姓将馆舍暂充居处，聊以避寒。但两宋时的馆驿，管理一般都很严格。来客要登记在册，遵守驿规，不得损坏公物。最有趣的是，规定住宿旅客不得长期占有驿舍，期限最多不许超过30天，超过日限者判徒罪一年。

（三）急递铺

宋朝的邮驿传递，主要有三种形式：一是步递；一是马递；另一就是"急脚递"。步递用于一般文书的传递，是接力步行传递。这种传递同时承担着繁重的官物运输的任务，速度较慢。马递用于传送紧急文

安吉县城递铺镇古驿站

书，速度较快。但因负担这种传送任务的马匹大部分都是军队挑选剩下的老弱病马，所以也不能以最快的速度承担最紧急文书的传递。因此，从北宋开始，又出现了一种叫做"急脚递"的新的传送文书的形式，用于紧急形势下的传递。

急脚递的传递形式大约是从北宋真宗时候开始的，据说能"日行四百里"，最早可能用于军事上。在北宋真宗时对辽的战争中，以及后来宋神宗时对南方交趾的战争中，都使用过这种"急脚递"。神宗时还在从京师

鸡鸣驿

开封至广西沿线设置专门的"急递铺"。北宋与西夏的战争，也曾利用过急递铺传送紧急的军事文书。

急递铺的送信形式，到元朝时候达到昌盛时期，其制度之完备、组织之严密、网络之发达，均远远超过宋朝。元朝时，急脚递完全代替了宋朝的步递形式，马递在此时也逐渐消失，急脚递便逐渐成为公文传递的唯一通信工具，急递铺则成为了全国范围内的普遍设施。这时，除了极少量的紧急公文由驰驿传送外，几乎全部文书

古驿站遗址

都由急递铺传送。

元朝的急递铺大体上每 10 里至 25 里设一处，每铺配置十二时轮子一枚作为标志，另配红色门楼一座，牌额一枚。铺兵则准备夹板和铃攀各一副，缨枪一支，行旅的包袱和蓑衣各一，看来是风雨无阻。《元史·兵志》记载，铺兵走递时，"皆腰革带，悬铃，持枪，挟雨衣，赍（带）文书以行，夜则持炬火，道狭则车马者、负荷者，闻铃避诸旁，夜亦以惊虎狼也"。马可·波罗对当时中国的铺兵工作有一段很形象的描绘："在各个邮站之间，每隔约五公里的地方，就有小村落……这里住着步行信差……他们身缠腰带，并系上数个小铃，以便当他们还在很远的地方时，听见铃响，人们就知道驿卒将来了。因为他们只跑约五公里……从一个步行信差站到另一站，铃声报知他们的到来。因此使另一站的信差有所准备，人一到站，便接过他的邮包立即出发。这样一站站依次传下去，效率极为神速。需要两天两夜皇帝陛下便能收到很远地方的按平时速度要十天才接到的消息，碰到水果采摘季节，早晨在汗八里（今北京）采下的果子，第二天晚上便可

《元史》中记载过"急递铺"

古代驿站风采

运到上都。这在平日是十日的里程"。通过这段描述，我们可以看到元朝时急递铺步行送信的神速。

可惜的是，这种急递铺的制度并未顺利发展下去，到元末就衰亡了。

（四）水马驿和递运所

水马驿和递运所，都是指各地的驿站和运输机构。

水马驿同于宋元时期的"驿"和"站赤"。顾名思义，水马驿包括水驿和马驿两种，前者用于河驿，后者用于陆上文书的送递。明朝时一般六十里或八十里置一驿，每驿备有马三十到八十匹不等，小站则有少至五到十匹马的。明朝基本是"常事入递，重事给驿"，即平常的文书交给步行的递铺，重要、紧急的文书才交给马驿办理。

递运所是在一般的递和驿之外，专门用于运送军需物资和上贡物品的运输机构，始设于明初洪武年间（1368—1398年），也分陆运和水运两种。递运所的设置，使货物运输有了专门的机构，是明代运输的一大进步。递运所由专门官员负责，并设大使、副使各一人，另还设有百夫长。陆驿运输任务由军

古代递运所

水马驿

卒承担，水路则由各地船户负责。这种递运运输，基本上采取定点、定线，兼以接力的方法。这种专职的递运业务，把陆路运输和海、河运输很好地组织了起来。

可惜的是，明代递运所制度未能坚持下去，弘治年间全国曾达到324处，但到了万历年间，又剧减至100多处，并逐渐消亡。

（五）龙场九驿

1368年，朱元璋建立了明朝，在他称帝的第二十二天就下令整顿和恢复全国的驿站。第二年，他又颁诏，把元朝的"站"一律改

"奢香九驿"的奢香夫人塑像

称为"驿",还把全国 230 多处不雅的驿名改得更为雅致。同时,朱元璋还大力加强边疆地区邮驿设施的建设。

在明朝边疆邮驿的发展中,历史上有一个十分有名的奢香夫人修建"龙场九驿"的故事。明太祖朱元璋时期,贵州土司霭翠接受明朝的领导。十年后霭翠去世,他的妻子奢香继续掌管彝族部落,她是一位深明大义的贵州彝族的女首领。明政府派到贵州的都督马烨专横跋扈,有意侮辱奢香,还肆意压迫彝族人民。奢香的部下义愤填膺，都劝她起兵反抗。奢香却忍辱负重，让她的知心朋友、另一个彝族首领刘氏夫人奔赴京师，向朱元璋报告了马烨的罪行。朱元璋把奢香召进京师，对她说："我可以给你们除掉作威作福的马烨，但你们打算怎样报答朝廷呢？"奢香回答说："愿率领子女，世世代代不叛明朝。"朱元璋说："这是当然的义务，不能算做报答。还有什么打算呢？"奢香又回答说："从贵州往东北有一条小路可通四川，现已梗塞不通，我愿出钱出人，开山辟岭，修成驿道，以此报答皇上的恩典。"朱元璋对此大为赞赏，立即把马烨捉拿回京，依罪处斩。奢香回贵州后也立即组织人力，开始修路。她一共修了560多里山路，建立了九个驿。因为第一站在贵阳西北万山丛中的龙场，因此总称为"龙场九驿"。

龙场九驿是我国邮驿发展史上的一件大事

从此，通过宽敞的驿道，可以从明政府的腹地直达云贵边疆，沟通了中原和西南地区的经济文化联系。这是我国民族团结史上的一段佳话，也是我国邮驿发展史上的一件大事。明朝的吴国纶写过一首专门歌颂奢香夫人的《奢香驿诗》："我闻水西奢香氏，奉诏曾谒高皇宫。承恩一诺九

到了清代，会同馆改名为四译馆

驿通，凿山穿木开蒙茸，至今承平二百载，牂牁僰道犹同风。"其中，蒙茸是丛山峻岭的意思，牂牁、僰道都是云贵地区的地名。从这首诗可以看出，这些地区的经济文化逐渐赶上了中原，民风也日趋相同了。

（六）会同馆

明朝的法律大典《明会典》记载说："自京师达于四方设有驿传，在京曰会同馆，在外曰水马驿并递运所。"这说明明朝的"会同馆"，是当时设在首都北京的全国驿站的总枢纽。

会同馆有两种职能，一是邮驿传递书信；二是为外国使节和王府公差及高级官员提供食宿，起着国家级的高级招待所的作用。政府有时还在这里举行国宴，招待来自邻国日本、朝鲜、越南等国的进贡人员。

会同馆的马和马夫都有定额，一般设馆夫400名，马171匹，驴173头。人员不够时，可以临时从民间抽调服务人员。比如，在明正统帝时，西藏来了344位进京的僧俗人员，北京会同馆人手不够，便从外面雇用了一些市民。

五、古代邮传轶事

川陕古栈道遗迹

（一）现存最早的两封家书

1975年冬，我国考古工作者在湖北云梦睡虎地发现了两件稀见的古代通信文物，它们是两千多年前的秦代士卒遗留下的两封木牍家书。两封家书至今保存完好，正反面的墨书文字，字迹尚清晰可辨。

家书是秦始皇统一战争时期，两个秦国军人黑夫和惊写给家中的名叫中的同胞兄弟的。两封家书的开头都向中问好，并请他代向母亲请安，然后说到他们在前线的情况，谈到黑夫即将参加淮阳的攻战，"伤未可知"。信的中心内容是向家中要钱和衣服。信的反面还有几句附语，都是向家中各亲友问好之意。

家书是从河南淮阳发出的，如今在湖北云梦出土，说明已到达家中。专家们考证，黑夫和惊不可能把信交由官邮递送。因为秦时官邮只传递官府文件，不许私带书信。这两个身份不高的一般士卒，更是根本不可能利用私邮。因此，这两封家书很可能是军队中服役期满的老乡回家时捎回家中的。这种不正规的私书捎带通信方式，在我国继续了若干年，一直到了宋朝，政府才有了"私书附递"的规定，明朝以后才出现民邮组织。

可见，古时的民间通信是何等艰难。

从这两封家书可以看到，秦汉时候书信的写作体例和格式，和今天有较大区别。首先，写信的时间，不写在信尾而写于信头。如黑夫和惊合写的第一封木简书信，正面一开头便是"二月辛巳"，而现在日期都是写在信的最末。其次，书信时间以后立即跟上的不是收信人的称呼，而是写信人向收信人的问安："黑夫、惊敢拜问中（黑夫、惊的兄弟）、母毋恙也！"而我们今天的书信格式则通常把问安放在信末。

另外，从这两封家书中，我们可以了解当时许多社会经济情况：第一，了解到秦朝

直付馬疋如秦此符
便行船驛各驛官夫
不行就法術恃應付
俱備治以重罪一
者幸此至
令

明弘治十四年的驿符

被征发军人的衣物是家中自备的，服役有一定期限。他们在军中的生活很艰苦，所以黑夫和惊都十分想家。第二，当时秦国战事十分频繁，影响了生产的正常进行。黑夫家的三个兄弟，竟征发了两个上战场，势必导致其家中劳力不足。但从两封家书的叙述中可以看到，当时秦军一般士卒家中经济还过得去，所以黑夫才有可能向家中要五六百钱。

（二）历史上第一次驿夫起义

隋唐时期，在各种驿里服役的人，一般叫做"驿丁""驿夫"，或称"驿卒""驿隶"。

从名称即可看出，他们的身份比较低下，生活相当艰苦，"辛苦日多乐日少"。不管是在烈日下、在寒风中，还是在倾盆大雨之中，都毫无例外地要身背文书袋，匆匆奔驰在驿路上。敦煌有一幅晚唐时期题为《宋国夫人出行图》的壁画，就描绘了当时驿使身背布袋的形象。而且，他们日常的任务很繁重，除途中奔跑着传递文书外，还要兼管扫洒驿庭等事。

更难以忍受的是当时严格的邮驿通信制度。在唐朝法律中，把针对邮递过程中的种种失误的处罚，都规定得很细，稍有差错，便要受到严厉的处置。唐朝规定，驿长应负有若干责任，例如必须每年呈报驿马死损肥瘠，呈报经费支出情况。若有驿马死损，驿长负责赔偿；若私

云南祥云云南骚街站

古代邮驿牌

自削减驿站人员和马匹，则杖一百。对驿丁的处罚更严。唐朝规定，驿丁抵驿，必须换马更行，若不换马则杖八十。还规定，凡在驿途中耽误行期，应遣而不遣者，杖一百；文书晚到一天杖八十，两天加倍，以此类推，最重的处徒罪二年。若耽误的是紧急军事文书，则罪加三等。因书信延误而遭致战事失败的，则判处绞刑。唐律对文书丢失或误投，也有很重的处罚。有一个负责签发公文的员外郎，在处理一个从河北发配到岭南的囚犯的文书时，本应向河北、岭南两处发文，因疏忽，只发了岭南一地，河北未发。事发之后，这个员外郎遭到了免官的处分。唐律规定，泄密会受到更严厉的处分，泄露重大机密者处以绞刑，私拆书信者杖六十至八十。

唐朝中期以后，一些贪官污吏利用驿传任意克扣驿丁的口粮，致使他们的生活更为艰苦。唐武宗时期，肃州（治所在今甘肃酒泉）地区终于爆发了我国历史上第一次驿夫起义。这次起义为首者都是亡命的囚犯，他们从肃州一直打到沙州，一路上得到各驿户的支持。政府得不到情报，得到的也多是假情报，仓皇不知所措。起义军却"张皇兵威"，因为平时他们都是快马快步，"千里奔腾，三宿而至"。这导致唐政府损兵折将，统治者受到很大震动。

汉代传舍之印

（三）邮驿路上的闹剧

唐朝邮驿的繁荣反映了盛唐的繁盛景象，但唐朝统治者的奢侈腐朽和后期政局的混乱，在邮驿部门也有折射。

唐朝统治者利用驿传，恣行享乐、作威作福的事不胜枚举。安史之乱的头目之一史思明，曾利用洛阳的邮驿快马把鲜樱桃送往河北他的儿子史朝义处。唐宪宗时皇室喜欢吃南方的蚶子，每年用"邮子"万人从明州（今浙江宁波）把鲜蚶及时运到长安，百姓不胜其疲。

历史上最有名的邮驿运物当数"一骑红尘妃子笑"的故事，讲的是唐玄宗时宫廷奢侈成风的事。"红尘"指闹市上的尘土，形容驿骑一路快马经过许多大城市，"妃子"就是杨贵妃。据说杨贵妃爱吃鲜荔枝，每年荔枝成熟时，唐玄宗总要派专人给她从产地四川涪州运送新鲜荔枝。从涪州到长安不啻数千里之遥，经驿道快马的长途传送，到达京师时要求荔枝鲜味不变，十分不容易，途中驿使要累死许多人。这一事实曾经引起当时正直人士的无限愤怒，不少诗人以此作为写诗的主题。杜甫的一首诗说道："忆昔南海使，奔腾献荔枝，百马死山谷，到今耆旧悲。"借汉朝的

杨贵妃塑像

华清宫一景

史实讽谕今人，感叹为了吃上荔枝，人马困乏，
惨死山谷，至今父老们还闻虎色变，愁苦万分。
晚唐诗人杜牧写过一首诗："长安回望绣成堆，
山顶千门次第开。一骑红尘妃子笑，无人知是
荔枝来。"他说的是：一路上风尘滚滚，驿马奔驰，
不知情的人还以为有紧急的军情，却无人知晓
这只不过是为了宠妃要吃鲜荔枝，君王只为博
美人一笑。这都是抨击时政的佳篇，狠狠批判
了封建帝王奢侈浪费，不顾人民死活的行为。

（四）"二娘子家书"的故事

唐朝私邮是很少的，一般平民百姓通信极

为困难，一般只能通过人捎带。晚唐诗人杜牧在一首题为《旅宿》的诗中，有这样几句："旅馆无良伴，凝情自悄然。寒灯思旧事，断雁警愁眠。远梦归侵晓，家书到隔年。湘江好烟月，门系钓鱼船。"意思是：独自一人在旅店里，左思右想，想起了以往旧事，大雁行过的叫声使人烦躁难眠。写封家信吧，要隔年才能带到。多么苦闷的游子之情啊！杜甫的诗里也常有战时"寄书长不达"的感叹。晚唐另一诗人韦庄诗里说的情况更为可悲："九度附书向洛阳，十年骨肉无消息。"这些诗都生动地说明了，即使是繁盛的唐朝，民间通信也是相当不易。

在这种情况下，能得到一封家书，无疑成为一件很大的喜事。"二娘子家书"便是这样一封难得的信。这封信发现于敦煌石室，写在一份唐朝写经的背面。据考证这是唐玄宗天宝十一年（751年）的一封信，寄信人为二娘子，从内容推断，这是女儿寄给母亲的一封家书。

"二娘子家书"的开头部分已经遗失了。从残文看，二娘子首先表达了浓厚的思乡念亲之情。当年二娘子是随官员一起到东

邮票

光绪年间文物

京洛阳的，至今一切平安。信里，她向家中报了平安，并给姐姐和母亲一些礼物，还给小外甥一件礼物。从信的内容看，这个二娘子是个年轻女性，可能在家行二。她的姐姐已经嫁人，生有一子。二娘子本人可能是嫁给官家成了小妾，也可能充当了体面丫环，在官员家的身份不会过低，所以才会有自己的物件充作礼品送给家人。

（五）马可·波罗笔下的中国邮驿

元朝的邮驿比以前各代都要发达。据《元史·地理志》统计，当时驿站遍布东西南北各地，驿路上熙熙攘攘，往来繁忙。13世纪中叶，也就是元朝开国君主忽必烈统治期间，意大利旅行家

国民政府印花税票

马可·波罗对当时驿传的繁盛情况有生动的描绘。他认为，元朝的驿站制度是"难以用语言来形容的""十分美妙奇异的制度"。

马可·波罗在自己的游记中，以十分钦羡的笔调写道："从汉八里城，有通往各省四通八达的道路。每条路上，也就是说每一条大路上，按照市镇坐落的位置，每隔四十或五十公里之间，都设有驿站，筑有旅馆，接待过往商旅住宿。这些就叫做驿站或邮传所。这些建筑物宏伟壮丽，有陈设华丽的房间，挂着绸缎的窗帘和门帘，供给达官贵人使用。即使王侯在这样馆驿下榻，也不会有失体面。因为需要的一切物品，都可从附近的城镇和要塞取得，朝廷对某些驿站也有经常性的供应。"

马可·波罗说，元朝每个驿站常备有四百匹马，供大汗的信使们使用。驿卒们传递紧急文书，一日可以飞驰320公里。他们"束紧衣服，缠上头巾，挥鞭策马以最快速度前进"，身上都带着一面画着鹰隼的牌子，作为急驰的标志。

（六）"站户"的悲惨生活

元朝统治者为了更有效地控制百姓，把人民按不同的行业分成若干专业户，如民户、军户、匠户、医户、儒户等等，其中有一项特殊的人户，叫做"站户"。

顾名思义，"站户"是和驿站有密切关系的户头。元代驿站繁多，所需费用也很浩大，

山西大同四十里铺旧址

因此，元代统治者便把这些负担转嫁给百姓，让一些人户专门承担驿站差役的费用，这些人户便称为"站户"。

站户制度是在忽必烈统一中国前窝阔台时代开始的。当时规定，各驿站附近人家，每100户出车10辆，每户每年纳米一石。忽必烈统一南北后，大量设置驿站，便抽出一部分人户充当专门的站户，把这些站户从民户中分离出来，不入民户户籍，而是登入站户户籍。一经登记，世代相承，不能改变。

站户之前大部分是普通农牧民，他们承担着十分沉重的驿站赋役。首先，他们要供应各驿站来往官员的饮食。这是一笔不小的负担，尤其当王公贵族大官充使时，山珍海味，奢侈至极。其次，

邮票

还要供应使臣的交通工具，当时主要是马，有的地方则为牛、驴、狗，加上车辆等，还包括饲料、马具和车辆的配件等。这笔费用也是不小的。再次，站户还负责驿站的劳役，如为使臣充当向导、车夫、船夫、搬运工等。这些差使都是无偿的，而站户还要自备饮食。

到元朝后期，由于政治腐败，驿路上的往来官员作威作福，欺压驿站沿途百姓，他们常常任意索要名贵酒菜，还强令歌伎纵酒，无所不为。对驿站人员稍不如意，就施行吊打。加上当时站役负担沉重，元成宗时四个月内，就起马13300余次，即使所有马匹昼夜在道，也无法应付。因此造成大量驿畜倒毙途中。据《永乐大典》记载，元延祐元年（1314年）六月二十三日，仅甘肃省就奏报死铺马199匹、驿驼24头。

沉重的负担压得站户喘不过气来，有的实在坚持不了，就只得背井离乡，四处逃亡，最后老死于荒郊野外。元代诗人许有壬有首诗描写他们的悲苦生活说："盛冬裘无完，丰岁食不足。为民籍站驿，马骨犹我骨。束刍与斗菽，皆自血汗出。

孟城驿站

鸡鸣驿遗址

生儿甘作奴，养马愿饲粟。"意思是，数九寒冬我还披着一件破烂的皮子，连丰收的年景也难以饱饭。当上入了籍的站户，就像受役使的马那样受苦。缴出的每束干草和每斗粮，都是我的血汗所出！难道我们甘于世世代代当牛作马、贱如奴隶吗？这首诗如实地反映了元代站户的生活。

到元代末年，站户们在沉重的压迫剥削下纷纷破产，建立在站户们血汗基础上的元代站赤制度无法维持下去。

（七）刘备、诸葛亮对四川邮驿的贡献

刘备在四川建立蜀汉政权时，四川的交通比较落后，山路居多。刘备和丞相诸葛亮在开辟四川邮驿事业上，作出了重要贡献。

为了对付北方的曹魏，他们在汉中地区建立了北伐的军事基地，并在四川与汉中之间开通了四条主要道路，这就是著名的子午道、傥骆道、褒斜道和金牛道。蜀国还在汉中设置了重要的军事关隘白水关，白水关周围的山上布满了烽火楼。从白水关到国都成都的四百里路上设置了一系列亭障馆舍，以保障邮驿的正常运行。

蜀国邮驿的特点是几乎没有车传，邮递大部分都是用驿马传送。这大概是因为蜀国地处西南，大部为僻远山区，道路不整的缘故。

（八）张居正的驿传改革

明朝自正德、嘉靖以后，政治日益腐败，邮驿制度也产生许多弊端。最高统治层利用邮驿，大肆挥霍。正德年间，发生过多起太监到各地驿站勒索驿银、捆打驿官的事件。正德皇帝下江南游玩，命令沿途驿站准备美女，以备皇帝来时随时寻欢作乐。这一次仅水路驿站所用人夫就达数十万，严重影响了人民的生活，妨碍了正常的农业生产。驿站

张居正塑像

承受不了这样沉重的负担，许多驿官都逃亡在外，驿务多数都荒废了。

在这种情况下，明朝一些官吏主张对邮驿进行改革，其中以张居正的驿传改革成效最大。张居正改革也成为我国邮驿史上的一件大事。

张居正是明朝万历年间的宰相，他的邮驿改革从限制官员的驰驿特权入手。比如，规定除公务外，任何官员不得侵扰邮驿；除邮驿供应外，任何官员不许擅自派普通民户服役；还规定除公务外，政府官员的旅途费用一律不得由驿站负担，不得动用驿递的交通工具等等。这些改革大大降低了邮驿的经费开支，也自然减轻了人民的负担。据统计，

张居正故居

张居正塑像

整顿之后，全国共节省减邮驿经费三分之一左右。

在改革中，张居正从自己做起，严格要求自己和家人。他的儿子回原籍参加科举考试，不用官府邮驿，而是自己出钱雇车。张居正的父亲过生日，他也没有动用驿车驿马，而是让仆人背着行李，自己骑着毛驴回乡祝寿。

对那些违反条例的官员，张居正绝不手软。有一个甘肃巡抚的儿子擅自驰驿，被他

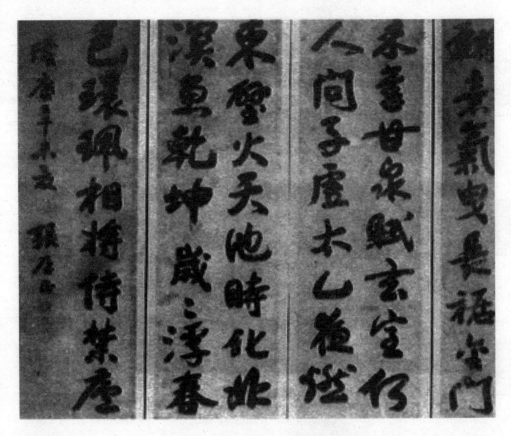

张居正手迹

革去官荫。这一处分使得朝野上下很为震动，官员都不敢再为非作歹了。

张居正的改革一度取得了很好的效果，但是，明朝政府已经腐朽得不可救药，一个张居正不可能从根本上解决问题。他死后，生前的改革措施就全被废除了，明代邮驿又重新陷入混乱状态中。